PARIS INCENDIÉ

PARIS. — IMPRIMERIE PAUL DUPONT, RUE JEAN-JACQUES-ROUSSEAU, 41.

PARIS INCENDIÉ

1871

ALBUM HISTORIQUE

CONTENANT :

I. — HISTORIQUE, par H. de BLEIGNERIE ;

II. — NOTICE SUR LES MONUMENTS ET LES RUES INCENDIÉS, par E. DANGIN ;

III. — VINGT PHOTOGRAPHIES ARTISTIQUES DES PLUS REMARQUABLES RUINES DE PARIS.

PARIS

A LA DIRECTION DE L'ALBUM, CHEZ M. A. JARRY, 27, RUE RADZIWILL ;

A LA LOTERIE NATIONALE POUR LES BLESSÉS, RUE GLUCK, AU NOUVEL OPÉRA.

1871

PARIS INCENDIÉ

HISTORIQUE

Après un investissement complet, une résistance et une lutte héroïques de quatre mois et demi, — du 4 septembre 1870 au 28 janvier 1871, — au milieu d'un des hivers les plus rudes qu'on ait vus, Paris venait de succomber, non pas devant les Prussiens, mais uniquement devant la famine !

Le 28 janvier 1871, un armistice conclu pour dix jours avait amené le ravitaillement de la grande ville, plus populeuse que jamais, — malgré les départs de l'origine, — par suite du grand nombre de réfugiés de la banlieue, des gardes nationaux mobiles des départements et de troupes plus nombreuses que ne le comportait la garnison ordinaire.

L'armistice, qui stipulait la capitulation de Paris, avec désarmement de l'armée, mais non pas de la garde nationale, avait engendré des préliminaires de paix que devait discuter une Assemblée nationale convoquée en dehors de Paris.

Le 8 février, les élections avaient eu lieu par toute la France; l'Assemblée nationale se réunissait le 12 février à Bordeaux, tout à fait en dehors du territoire occupé par l'ennemi.

Quoique appréciant au plus haut point l'importance de la rapidité de sa constitution et de sa décision quant à la question de paix ou de guerre, l'Assemblée nationale ne se trouva pas en mesure pour le jour fatal de l'expiration de l'armistice.

Une prolongation de quelques jours dut être demandée, mais l'ennemi ne voulut l'accorder qu'au prix de l'occupation de Paris par les troupes allemandes, occupation que l'habileté de nos négociateurs sut borner aux quartiers compris entre la Seine, la place de la Concorde et le faubourg Saint-Honoré. Occupation mesquine s'il en fût, et qui fit que pendant sa durée, — heureusement limitée à quarante-huit heures par le patriotisme de l'Assemblée de Bordeaux, — l'armée allemande eut l'air d'occuper un lazaret à l'extrémité d'une grande ville.

Occupation mesquine s'il en fût; oui certes, — mais qui fut l'origine des malheurs sans précédents qui fondirent sur Paris !

Sous prétexte de sauver un grand nombre de pièces d'artillerie qui étaient parquées dans le quartier de la place Wagram, et de les soustraire à l'ennemi, qui cependant ne devait pas occuper ces quartiers, un certain nombre de gardes nationaux parisiens enleva ces pièces et les conduisit à la butte Montmartre, sur les buttes Chaumont, à Belleville, à la place Royale, au Luxembourg, ces gardes nationaux se chargeant de les garder eux-mêmes.

Le gouvernement eut beau leur représenter que ces pièces ne couraient aucun danger ; les gardes nationaux, possesseurs de ces pièces, — obéissant, on l'a su plus tard, trop tard, à un mot d'ordre spécial, — ne voulurent entendre à rien et gardèrent leurs pièces avec de farouches précautions, posant et relevant leurs postes eux-mêmes, leur donnant des mots de ralliement qui n'étaient point ceux des troupes de la place. '

Au bout de quelques jours, ces agissements, qui n'avaient dès l'abord que préoccupé fort peu, inquiétèrent à la fois et le public et le gouvernement.

Le gouvernement lança des proclamations aux gardiens des pièces d'artillerie, et voyant que ces proclamations n'aboutissaient pas, il se mit à étudier le moyen de rentrer en possession des pièces que, de leur côté, les gardes nationaux dissidents entourèrent de fortifications, comme si l'ennemi devait venir les enlever de haute lutte.

Le gouvernement y songeait en réalité ; mais pouvait-il se douter qu'il serait regardé et traité comme *l'ennemi*, et qu'il allait se trouver aux prises avec la plus formidable insurrection que l'histoire ait jamais eue à enregistrer ? Assurément non !

Quoi qu'il en soit, dans la nuit du 16 au 17 mars, des expéditions militaires simultanées furent dirigées sur la butte Montmartre, aux buttes Chaumont, à la place Royale, et partout où se trouvaient les pièces en possession desquelles le gouvernement avait le devoir et le droit de rentrer.

Mais ces pièces, enlevées avec vigueur, ne purent être emmenées, faute d'attelages suffisants.

La garde nationale insurgée, — donnons-lui dès à présent cette désignation, — se réunit en hâte dans ses quartiers, les pièces furent reprises, et la journée du 17 mars vit s'établir dans Paris le commencement du nouveau pouvoir.

Le 18, le gouvernement tenta un nouvel essai aux buttes Montmartre ; mais l'insurrection y était fortement retranchée, et, pour comble de malheur, quelques compagnies du 88ᵉ de marche dirigées contre elle, levèrent la crosse en l'air et passèrent au camp de ceux qu'ils avaient mission de combattre.

Dès lors l'insurrection fut victorieuse, et comme pour faire prévoir de suite ce qu'elle entendait être, elle fusillait dans une rue écartée de la butte Montmartre, la rue des Rosiers, tristement célèbre maintenant, le général Lecomte pris dans la lutte et, chose plus horrible s'il se peut, l'ancien général en chef de la garde nationale républicaine, le général Clément Thomas, venu en curieux et en costume civil sur le théâtre du combat !

Presque sans troupes par suite des conditions de l'armistice, et surtout sans troupes bien sûres, l'affaire du 88ᵉ venait de le prouver, le gouvernement ne vit rien de mieux à faire que d'abandonner momentanément Paris, — et malheureusement aussi un immense matériel de guerre, — pour y rentrer quelques jours après, quand il aurait à sa disposition, et bien massées, assez de troupes sûres pour y rétablir l'ordre.

Le 18 mars 1871 au soir, le gouvernement de la France était donc, tout entier, Chambre, ministres et administrations publiques, retranché à Versailles.

Aussitôt arrivé, et sous l'impulsion vigoureuse de M. Thiers, chef du pouvoir exécutif de la République, tout fut mis en œuvre pour constituer au plus tôt la petite armée de la délivrance ; mais pendant ce temps, et avec une activité tout aussi fébrile, l'insurrection, maîtresse dans Paris, recrutait toutes ses forces, armait les remparts et les quatre forts du Sud, couvrait Paris de barricades énormes et se préparait à résister à outrance.

Le gouvernement vit qu'il ne s'agissait plus d'une petite armée et de quelques jours pour vaincre une insurrection pareille, mais bien d'un temps presque indéterminé et d'une armée considérable, plus de cent mille hommes.

Avec l'autorisation des armées allemandes, — autorisation qu'il fallut, hélas ! demander, — cette armée de cent mille hommes, se forma et se réunit rapidement à Versailles avec ses immenses approvisionnements et son immense matériel de campagne et de

ge... car on allait être obligé de faire le siége de Paris, —
ançais contre Parisiens !...

Les insurgés, qui s'étaient constitués à l'état de *Commune de*
ris et avaient arboré le drapeau rouge, de sanglante mémoire,
ulaient, eux, marcher sur Versailles et enlever le gouverne-
nt, et dans ce but débordaient de tous côtés en dehors de Paris.

L'armée de Versailles, placée sous le commandement du maré-
al Mac-Mahon, commença, dans une série de combats succes-
s qui embrassa toute la partie de l'enceinte de Paris non occupée
 les Prussiens, c'est-à-dire de Choisy-le-Roi à Gennevilliers,
epousser les fédérés de Châtillon, de Meudon, de Courbevoie,
Nanterre, de Colombes, de Gennevilliers.

On était aux premiers jours d'avril.

Les alentours de Paris purgés, et la Commune tenant toujours,
fallut songer à établir des travaux de siége. Poussés avec une
idité effrayante, malgré les difficultés d'une pareille entreprise,
il avait fallu, par le seul chemin de fer de l'Ouest qu'on avait à
disposition, faire venir de tous les points de la France les troupes,
matériel et les munitions, — malgré ces difficultés, bientôt les
teries de Meudon, de Clamart, de Colombes, de Courbevoie,
château Bécon battirent en brèche, les unes les forts d'Issy et
Vanves sur la rive gauche, les autres les remparts de la rive
lte depuis Auteuil jusqu'à Saint-Ouen; le fort du Mont-Valérien
ant aussi sa partie dans cet effroyable concert.

Mais toutes ces batteries ne suffisaient pas.

Une batterie formidable fut établie au-dessus de Saint-Cloud,
Montretout, et ses quatre-vingts pièces de marine, tirant sou-
t toutes ensemble par-dessus la tête des travailleurs qui, à
00 mètres de là, préparaient les travaux d'approche dans le
s de Boulogne, eurent bientôt rendu complétement inhabitable
r les fédérés toute la partie du rempart qui s'étend du Point-
Jour à Saint-Ouen.

Quant à l'autre partie, celle située sur la rive gauche, elle était
tout aussi compromise, — la prise des forts d'Issy et de Vanves
par les brigades Derroja de la division Faron et Paturel de la division Susbielle ayant permis de s'approcher à 150 ou 200 mètres des
remparts.

C'est dans ces circonstances, et quand tout était prêt pour l'as-
saut définitif, que le dimanche 21 mai, à trois heures de l'après-
midi, le lieutenant de vaisseau Trèves, qui commandait les troupes
d'approche en face de la porte de Saint-Cloud, vit surgir sur le
rempart un homme faisant, avec son mouchoir, de pressants signes
d'appel.

Cet homme était M. Jules Ducatel, ancien militaire et piqueur
des ponts et chaussées, qui, au péril de sa vie, — de leurs posi-
tions en arrière les insurgés tiraient sur lui une grêle de balles,
— prévenait l'armée française que, là, le rempart était dégarni
de défenseurs et qu'il y avait moyen d'entrer dans Paris sans coup
férir.

Le lieutenant de vaisseau Trèves y entra effectivement avec
deux cents fusiliers marins, et bientôt après lui toute la division
Douay.

Pendant ce temps, le général de Cissey pénétrait de vive force
par la porte d'Issy, et faisait entrer dans Paris un nouveau corps
d'armée.

Le général Ladmirault, de son côté, pénétrait aussi avec son
corps par les portes de Passy et Auteuil, le général Clinchant par
la porte Maillot, et l'armée de réserve du général Vinoy, les infati-
gables 35e et 42e de ligne en tête, par la porte de Saint-Cloud.

Aussitôt dans Paris, les cinq corps d'armée, suivant un plan
bien étudié et bien arrêté à l'avance, agirent de concert, prenant
au rebours presque toutes les barricades, afin d'épargner autant
que possible le sang précieux de nos soldats, et manœuvrant éner-
giquement pour acculer les forces de l'insurrection, soit à Belleville, soit à Ménilmontant, et les y réduire.

Mais, pendant que s'accomplissaient ces événements militaires, et pendant que se resserrait le cercle de fer où ils devaient succomber, les fédérés, désespérant enfin de leur cause, voulurent, s'ils mouraient, ensevelir l'armée libératrice sous les ruines de Paris.

Pauvre et malheureux Paris! n'avais-tu donc pas assez souffert! du froid, de la faim, du bombardement pendant le premier siége! du bombardement encore pendant le second siége!

Les insensés qui terrorisaient Paris ne songèrent à rien de tout cela!...

Des ordres d'incendie furent donnés et signés dans tous les quartiers; des légions d'incendiaires, rebut de toutes les nations, — espérons-le, du moins, — se levèrent, hommes, femmes, enfants. Tous les monuments de Paris, à commencer par les Tuileries et l'Hôtel de Ville, des îlots de maisons tout entiers furent arrosés de pétrole du haut en bas, la flamme y circula bientôt de toutes parts, et si Paris, le malheureux Paris, put voir pénétrer dans ses rues et sur ses boulevards l'armée libératrice, il put en même temps voir le spectacle horrible et terrifiant de l'incendie attaquant en même temps tous ses monuments : l'Hôtel de Ville, les Tuileries, le Louvre, le Palais-Royal, le Palais de Justice, le Ministère des Finances, l'Arsenal, le Conseil d'État, le théâtre de la Porte-Saint-Martin, le théâtre Lyrique; ses principales rues : la rue Royale, la rue de Rivoli, la rue du Bac, la rue de Lille, etc.; ses principaux établissements industriels ou commerciaux : la manufacture des Gobelins, les Docks de la Villette, le Grenier d'Abondance, — et menaçant tout ses quartiers à la fois !!...

La valeur et l'intrépidité des troupes, en réduisant l'insurrection en sept jours et en acculant ses derniers combattants dans le cimetière du Père-Lachaise, où ils furent complétement défaits, les efforts des pompiers accourus des départements voisins, toutes ces vaillantes énergies réunies empêchèrent l'incendie de s'étendre à toute la ville; mais de grands malheurs étaient déjà arrivés, malheurs dont, malgré leur saisissante exactitude, les vingt vues de cet Album ne donnent encore qu'une faible idée.

Et maintenant, que soient maudits à tout jamais les jours néfastes que nous venons de traverser, et qu'à tout jamais aussi le souvenir en soit conservé, par la plume, par le crayon, par le burin, par la photographie, par la parole, par tous les moyens enfin, pour que les populations futures y trouvent l'enseignement que comportent de pareils événements !

H. DE BLEIGNERIE.

NOTICES SUR LES MONUMENTS ET RUES INCENDIÉS

I

LA COLONNE VENDOME

On était en 1810.

L'armée française rentrait en France, victorieuse. Elle avait battu les Russes et les Autrichiens. Elle ramenait douze cents pièces de canon. On fondit ces pièces, et on en fit une colonne en bronze, la colonne Vendôme, qui s'éleva pour perpétuer la gloire de la Patrie.

Le 16 Mai 1871, la Commune faisait scier la colonne à sa base, tandis que des cordages, attachés à son sommet, la tiraient vers le sol, et, à cinq heures, elle s'abattait sur le lit de sable et de paille qui lui avait été préparé.

La violence du choc fut telle que les maisons furent ébranlées, et que la colonne, bien qu'elle se fût brisée en tombant, comprima le sol à l'endroit où eut lieu sa chute.

La colonne Vendôme, haute de 45 mètres, élevée sur la place de l'ancien hôtel Vendôme, — était l'œuvre de Denon, de Goudouin et de Lepère.

Quatre cent vingt-quatre plaques de bronze composaient l'énorme spirale qui, s'enroulant autour de la colonne, de la base au faîte, racontait, avec ses admirables bas-reliefs, les exploits de la Grande Armée.

Témoin irrécusable de nos victoires, elle enorgueillissait tous les cœurs vraiment français.

Or, en 1871, l'ennemi que nous avions abattu en 1805, était là, maître de nos forts ; il contemplait, du haut de leurs bastions, Paris vaincu, mais non battu ; humilié, mais non dompté.

Des hommes qui se disaient Français se sont chargés de lui donner une satisfaction qui a dû être douce à sa haine.

Les Prussiens ont pû, de leurs retranchements, voir ce bronze, que les vieux soldats de la première République avaient payé du plus pur de leur sang, s'incliner et tomber avec un bruit sourd qui semblait un gémissement de la Patrie.

C'était le premier acte de vandalisme de la Commune, c'était le plus cruel et le plus impardonnable.

Il devait, hélas! être, comme on va le voir, suivi de bien d'autres.

II

LES TUILERIES

Les troupes avaient franchi l'enceinte et elles avançaient à grands pas, refoulant devant elles l'insurrection qui se sentait vaincue. Ce fut alors que les incendiaires commencèrent leur œuvre infernale.

Le palais des rois de France fut, le premier, l'objet de leurs fureurs.

Le palais des Tuileries est un monument dont chaque pierre, en quelque sorte, se rattache à notre histoire. Il n'est l'œuvre d'aucun souverain en particulier, il est l'œuvre de tous. Chacun, en effet, l'a augmenté, agrandi, amélioré, on a fait, quoiqu'il se compose de fractions architectoniques diverses, et en quelque sorte disparates, le beau monument que nous connaissions tous.

Il datait de 1564.

Avant cette époque, les rois de France logeaient au Louvre ; — les dalles de la cour du Louvre portent aujourd'hui, tracée au moyen de pierres blanches, la configuration de cette ancienne demeure qui avait ses tourelles et était fortifiée comme un castel antique.

A quelques pas du Louvre se trouvait une tuilerie. Catherine de Médicis l'acheta, ainsi que quelques maisons du voisinage. Philippe Delorme et Jean Bullan, architecte, tracèrent les plans de l'édifice. Ils firent élever le pavillon central, les deux bâtiments latéraux et les pavillons de droite et de gauche. L'architecte Ducerceau, sous Henri IV, refit le dôme qui avait la forme circulaire et lui donna la forme quadrangulaire. Les autres bâtiments du château ont été construits dans la suite.

Il n'est pas besoin de dire ce qu'étaient les Tuileries en dernier lieu. Mieux vaut, — bien que ce soit plus triste, — les montrer tels qu'ils sont maintenant.

Le promeneur qui, au sortir des grands arbres du jardin, se trouve tout à coup en présence de cette triste, mais majestueuse ruine, éprouve un serrement de cœur.

Rien de plus lugubre que ces murs rongés par la flamme, avec leurs fenêtres béantes, leurs toitures disparues, leurs longues cheminées se dressant isolées vers le ciel !

Vu de la place du Carrousel, c'est encore la désolation et la ruine que le château présente, mais sous une autre forme. Là, on distingue plus nettement les ruines de la belle salle des maréchaux, des appartements de l'impératrice et du prince impérial, anéantis par le feu, noircis par le pétrole.

La grande entrée du pavillon de l'Horloge n'est plus qu'un monceau de décombres ; le grand escalier a peu souffert ; mais de l'escalier d'honneur, il ne reste plus que le souvenir ; les sculptures, les fresques, les bas-reliefs ont disparu, tant la pierre est profondément calcinée.

Le plancher de la salle des maréchaux s'est écroulé et la salle n'est plus qu'un gouffre immense. Le théâtre, la chapelle n'existent plus. Dans la galerie de Diane on a brûlé, pour activer l'incendie, onze voitures d'objets appartenant à M. Thiers !

Quel châtiment, — plus terrible encore que le mépris public qui les accable actuellement, — l'histoire infligera à ces incendiaires, incendiaires de la Patrie !

III

LE PALAIS-ROYAL

Le Palais-Royal devait éprouver le même sort que les Tuileries. Il est, du reste, à remarquer qu'il subit le contre-coup de toutes les révolutions.

En 1848, la fureur de l'émeute ne s'attacha qu'aux meubles qui furent brûlés dans la cour d'honneur; mais au moins l'édifice fut respecté.

Cette fois, en 1871, les insurgés ont tenu à faire comprendre qu'ils en voulaient à l'édifice lui-même. Il est vrai qu'il ne contenait plus rien qui appartînt aux Napoléons ; car le *prince prudent* avait eu soin d'emballer tous ses objets précieux.

Le palais a été complétement dévasté par les flammes. Les fenêtres, les portes et les toitures ont disparu ; les toitures, les planchers, les plafonds se sont effondrés.

C'est au cardinal Richelieu que nous devons le Palais-Royal.

Sur la place où il s'élève maintenant, se trouvait autrefois l'hôtel de Mercœur et l'hotel de Rambouillet. L'édifice, qui fut construit par l'architecte Lemercier et qui s'étendait alors de la rue de Richelieu à la rue des Bons-Enfants, où l'on voit encore des traces des communs, en face le magasin du Coin-de-Rue, s'appela *Palais Cardinal*. Richelieu l'ayant légué au roi Louis XIII et à la reine Anne d'Autriche, qui y vinrent demeurer, il prit le nom de *Palais-Royal*.

Le Palais-Royal, on le sait, renferme dans l'ensemble de ses bâtiments deux théâtres, le plus grand et le plus petit de nos théâtres, le plus sérieux et le plus badin : le Théâtre-Français et le théâtre du Palais-Royal.

Ce ne fut qu'en 1782 qu'on éleva autour du jardin du Palais-Royal les trois corps de bâtiments qui donnèrent à ce jardin sa forme actuelle.

Le Palais-Royal a joué un grand rôle dans notre histoire.

Il a vu Richelieu et son roi ; il a assisté aux tourments de la Fronde qui l'ont assailli ; il a vu le Régent, il a vu Phillippe-Égalité, il a vu les déclamations de Camille Desmoulins, à qui il a fourni les feuilles vertes de ses tilleuls en signe de ralliement.

La grande révolution de 93 l'a respecté.

La Commune de Paris, elle, l'a brûlé!..

IV

L'HOTEL DE VILLE

L'incendie des Tuileries et du Palais-Royal sont des actes d'un vandalisme affreux, d'une sauvagerie révoltante; mais on comprend encore, jusqu'à un certain point, qu'on haine de tout ce qui rappelait les rois et la monarchie, les sicaires de la Commune se soient livrés à ces excès.

Ce qu'on ne comprend pas, c'est qu'ils aient brûlé l'Hôtel de Ville ! L'Hôtel de Ville, la maison commune, la maison de tous, la maison où se concentrent les intérêts de la bourgeoisie et du peuple !

Pauvre Hôtel de Ville ! là aussi le pétrole a fait son office. Ce n'est plus qu'une ruine pantelante. Son beffroi, — un beffroi si admirable de légèreté ! — a complétement disparu.

Aujourd'hui les fenêtres, que la pierre rongée a faites plus larges, sont béantes. Les entablements tremblent, mal soutenus par les pierres, devenues friables depuis que le feu les a mordues et descellées. La façade tout entière n'est plus que ruine et désolation. C'est à peine si l'œil distingue encore les statues noircies de nos grands hommes, de nos échevins et de nos maires, la plupart mutilés par les balles et les obus.

Ce n'est que sous Louis-Philippe que l'Hôtel de-Ville a vu son aile gauche complète, et il y a encore des Parisiens qui se souviennent de l'avoir vu inachevée.

La fondation de l'Hôtel de Ville remonte à une époque assez éloignée.

En effet, il n'y eut pas d'abord à Paris de municipalité proprement dite. Sa création fut due à la *Confrérie des marchands*. Le chef de la confrérie, le *Prévôt des marchands*, parvint à exercer à peu près les fonctions de maire, et ses confrères, les fonctions de conseillers municipaux, sous le titre d'*Échevins*.

Le siège de la corporation, qui était situé dans la *Vallée de Misère*, s'appelait la *Maison de marchandise*. Ce fut là le premier Hôtel de Ville. Ils se transportèrent ensuite près du Grand Châtelet, et la Maison de marchandise changea son titre contre celui de *Parloner aux bourgeois*.

Le Châtelet était bien près de la place de Grève. Les bourgeois achetèrent sur cette place la *Maison aux Piliers*, appartenant à Philippe-Auguste, roi de France.

Enfin, en 1553, la corporation, plus riche et enhardie, résolut de se faire construire un local plus vaste pour elle. Pierre Viole, alors prévôt des marchands, en posa la première pierre. Le bâtiment fut achevé sous Henri IV, en 1605.

L'Hôtel de Ville ne se composait alors que d'un corps de bâtiment flanqué de deux pavillons, mais c'était déjà beaucoup. Aussi la reconnaissance des bourgeois plaça-t-elle au-dessus de la porte d'entrée un bas-relief représentant le bon roi Henri sur son cheval de bataille, — bas-relief que la Commune a jugé à propos d'enlever.

Il a fallu bien des années avant que l'on parvînt à faire de l'Hôtel de Ville ce qu'il était avant le mois de mars dernier.

Et c'est le fruit de tant d'efforts, poursuivis obstinément pendant tant d'années, que les incendiaires ont anéanti en un seul jour, — oubliant même qu'en le sacrifiant, ils livraient aux flammes six cents des leurs, qui, cernés de toutes parts, n'avaient pu fuir!...

V

LE CONSEIL D'ÉTAT ET LA LÉGION D'HONNEUR

Les insurgés, refoulés par les troupes, s'efforçaient, on l'a déjà vu, de placer entre eux et les soldats de violents incendies. C'était se créer un rempart à l'abri duquel ils pouvaient se rallier et se retrancher. Il était, du reste, dans leur plan de brûler tous les quartiers qu'ils ne pourraient conserver.

Aussi, le palais du Conseil d'État et la Chancellerie de la Légion d'honneur, si voisins l'un de l'autre, étaient fatalement condamnés aux flammes.

Que de documents précieux, à tous les points de vue, sont à jamais perdus!

On sait, en effet, que c'est le conseil d'État qui était chargé de la préparation et de l'examen des lois. C'est dans son palais aussi que la Cour des comptes s'occupait de la vérification des comptes des ministères et de la préparation du budget.

Quant au petit palais de la Légion d'honneur, comment n'a-t-il pas été protégé par la sublime devise inscrite à son frontispice : *Honneur et Patrie!*

Ah! ceux qui l'ont incendié ne connaissaient plus la patrie et ne comprenaient pas ce que signifie le mot sublime : — Honneur!

VI

LE PALAIS DE JUSTICE

Le Palais de Justice a été, de la part des incendiaires, l'objet du dernier acharnement. Ils tenaient évidemment à ce qu'il disparût et à ce que rien ne restât des documents nombreux qu'il contient.

Si le désastre n'a pas été plus considérable, c'est que le temps a manqué et que le pétrole s'est montré indocile.

Du reste, les palais de justice, en France, sont, à ce qu'il paraît, prédestinés aux incendies. En 1618, le Palais de Justice d'alors fut dévoré par un incendie terrible, lequel anéantit la fameuse grand'salle, la table de marbre sur laquelle les Bazochiens jouaient les Mystères, et enfin les statues des rois de France, depuis Pharamond.

En 1766, un autre incendie détruisit encore le Palais de Justice.

En 1871, ce sont les insurgés qui y mirent le feu.

1618, 1776, 1871, cela fait, si on compte bien, un incendie par siècle.

S'il est un fait qui surprenne aujourd'hui, c'est que le palais tout entier n'ait pas disparu complètement, et que la Sainte Chapelle ne se soit pas trouvée englobée dans le désastre.

En effet, le feu avait été mis de plusieurs côtés à la fois : à la Préfecture de police, à la Conciergerie (où, par bonheur, il fut éteint à temps), à la Cour de cassation et aux Chambres civiles, et enfin, au Parquet du procureur de la République.

Partout le pétrole avait enduit les murs.

Le greffe de la police correctionnelle, la sixième chambre, qui a jugé tant de malfaiteurs, le Casier judiciaire, la salle des Pas Perdus, la chambre des séances de la Cour de cassation sont devenus la proie de l'incendie.

Le Parquet fait peine à voir : ce n'est plus qu'une immense cage de pierre, au travers de laquelle le jour passe et l'air circule.

Que de pièces importantes ont été anéanties dans ce sinistre!

La Cour de cassation a perdu sa bibliothèque et ses archives. La chambre des requêtes n'a pu sauver ses minutes que depuis 1862. Les chambres civiles ont pu préserver les leurs jusqu'à la date de 1803.

Un grand nombre de dossiers importants ou curieux ont pu être sauvés, entre autres le dossier de Troppmann et les dossiers de Dombrowski et de Raoul Rigault.

VII

LE MINISTÈRE DES FINANCES

Le 22 mai, le Ministère des Finances étant encore au pouvoir des insurgés, celui qui y commandait reçut l'avis suivant :

MINISTÈRE
DE
LA GUERRE
—
Cabinet du Ministre
—

Paris, le

CABINET DU MINISTRE
DE LA GUERRE
—

Citoyen Lucay.

Faites de suite flamber Finances et venez nous retrouver.

TH. FERRÉ.

4 prairial an 79.

Cet ordre, on le sait, ne fut malheureusement que trop bien exécuté. Le pétrole, là aussi, joua son rôle sinistre. Toutefois, en cet endroit, les insurgés ont montré plus d'acharnement que partout ailleurs. Les communeux en voulaient spécialement à tout ce qui est le symbole de la propriété publique ou de la propriété privée.

Ils espéraient bien détruire le *Grand-Livre*, mais deux hommes de courage, MM. de Colmant et de Bray, employés au ministère des finances, se sont dévoués, et sont parvenus à le sauver, à l'exception des anciens Grands-Livres de rente 5 0/0, et les archives où l'on retrouvait des traces des premiers emprunts datant du règne de Louis XVI.

Rappelons ici que ce qu'on appelle le *Grand-Livre* se compose de quatre mille volumes environ, qui relatent les inscriptions de rentes et toutes les particularités afférentes à chacune d'elles.

Il y a toujours un double du Grand-Livre déposé en lieu sûr, afin que le service de nos finances ne se trouve pas à la merci d'un incendie ou de tout autre accident.

Le Ministère des Finances n'est plus aujourd'hui qu'un monceau de ruines. Sa façade entière, minée par l'incendie, s'est écroulée.

L'œil attristé du passant n'aperçoit plus que des voûtes éventrées, des galeries à demi écroulées, des balcons tordus par les flammes et qui pendent au bas des entablements sur lesquels s'ouvrait leur fenêtre.

Le ministère est à reconstruire entièrement.

VIII

LE GRENIER D'ABONDANCE

Le Grenier d'Abondance qui se trouve dans le quartier de la Bastille, entre le canal et l'Arsenal, avait été construit en 1807.

On sait qu'à cette époque, on avait l'usage, — tombé depuis en désuétude, — de tenir toujours en réserve dans les magasins une quantité de farine égale à la consommation de Paris pendant deux mois.

L'institution des greniers d'abondance ayant été abolie, nul ne songea à utiliser les immenses locaux qui se trouvaient libres et on en fit des entrepôts que les commerçants s'empressèrent de louer et où ils trouvèrent mille commodités. Les caves, qui étaient admirables, servirent d'entrepôt pour les vins.

Elles avaient une porte qui donnait sur le canal. Quand un bateau chaland arrivait, déposant sa cargaison à quai, on ouvrait la porte et, en quelques instants, tout se trouvait emmagasiné.

Des commis de l'octroi détenaient les clefs de cette porte, qu'ils ouvraient eux-mêmes pour laisser entrer les marchandises et qu'ils renfermaient ensuite.

L'entrepôt était si bien organisé, le service si régulièrement fait, que le bureau de l'octroi aurait pu dire, à un décilitre près, la quantité des liquides qu'il renfermait. Le négociant ne pouvait donc travailler ses vins; car leur poids eût varié, et, comme on les pesait chaque semaine, la fraude eût été reconnue et le coupable poursuivi.

Du côté du canal, l'aspect actuel des Greniers d'Abondance est profondément triste. Rien de plus navrant que ces longs bâtiments dont la toiture s'est effondrée, dont il ne reste plus que des murs et des piliers de soutènement isolés les uns des autres.

Du côté de l'Arsenal, la physionomie de la ruine est toujours lamentable, mais elle change d'aspect.

De ce côté se trouvait le magasin des huiles.

Ce magasin avait un rez-de-chaussée et un étage. En bas comme en haut, le visiteur remarquait à sa droite et à sa gauche deux rangées d'énormes tonnes en métal qui étaient chargées d'huiles.

Le feu a détruit tout cela; les bâtiments ont été entièrement consumés, et le seul indice qui révèle que ces magasins à huile ont existé est la présence de deux longes files de tonnes qui gisent sur le sol, pêle-mêle, rongées, tordues, à demi fondues ensemble....

Il y avait dans le Grenier d'Abondance pour 13 millions de marchandises.

IX

LES DOCKS DE LA VILLETTE

L'incendie des Docks de la Villette montre à quel horrible degré de folie furieuse, à quel point extrême de rage féroce en étaient venus les monstres qui, pendant plus de deux mois, ont épouvanté Paris.

Les Docks servaient d'entrepôt à tous les bateaux chalands qui viennent s'amarrer aux bassins de la Villette, et de dépôt de marchandises à tous les grands négociants de Paris.

Ils n'avaient donc aucun caractère politique. Ils avaient, outre le mérite d'être très-utiles au commerce, celui d'occuper et par conséquent de faire vivre un très-grand nombre d'ouvriers.

De plus, les Docks sont une propriété privée. Ils appartiennent à M. Trotot.

Ils n'ont pas trouvé grâce devant la Commune ; ordre de les incendier a été donné et l'ordre a été exécuté.

Aujourd'hui les Docks ne sont plus qu'un monceau de ruines.

Une partie des bâtiments s'est écroulée ; il ne reste plus que quelques pans de murs debout au milieu des décombres.

Le brasier, qui a été le résultat de cet incendie, était si considérable et constituait un foyer si énorme, que, jusqu'aux premiers jours de juillet, il ne fut pas complétement éteint.

L'incendie des Docks a consumé la valeur de soixante millions de marchandises !

X

LE THÉÂTRE DE LA PORTE-SAINT-MARTIN

Pauvre théâtre ! c'est avec émotion que nous contemplons ses ruines ! c'est avec tristesse que nous voyons se dresser, à travers le vide qu'a fait l'incendie, l'énorme pan de mur qui séparait la scène de la salle !

Les communeux n'ont rien respecté, ni le caractère essentiellement neutre et inoffensif d'un théâtre, ni le gagne-pain de deux ou trois cents artistes, employés, mécaniciens, figurants, etc., qui n'avaient que ce seul moyen d'existence.

La rage de la destruction commandait. Ils ont détruit pour détruire, ainsi que le leur commandaient leurs chefs.

Tout proche du théâtre était la maison de Deffieux, le restaurateur si connu où se donnaient tant de « noppes et festins. »

Le 25 mai, les insurgés s'y présentèrent. Leur première visite y fut — naturellement — pour la cave ; tandis que quelques-uns y descendaient et emportaient tout ce qu'ils pouvaient, d'autres se postaient aux fenêtres pour tirer sur la troupe.

Les enfants, les femmes, les vieillards, se jetèrent aux genoux des chefs et les supplièrent de renoncer à leur projet qui pouvait entraîner la destruction de la maison.

Les chefs promirent de se borner à établir une ambulance, mais d'autres insurgés arrivèrent, et procédèrent, dans toute la maison, à un pillage en règle, puis à un massacre général, après qu'un des leurs eût été souffleté par un locataire exaspéré de se voir ainsi volé.

Ces actes de sauvagerie accomplis, ils mirent le feu aux quatre coins de la maison. Le restaurant flamba en une seconde, et l'incendie gagna la maison voisine déjà incendiée par le théâtre.

La salle de la Porte-Saint-Martin datait de 1781. Élevée *en cent jours* sur les plans et sous la direction de l'architecte Lenoir, elle fut inaugurée le 7 octobre 1781 ; on ne la considérait alors que comme une construction provisoire destinée à remplacer pendant quelque temps l'Opéra, que l'incendie du 8 juin 1781 venait de faire disparaître.

Le théâtre de la Porte-Saint-Martin a eu de belles et splendides soirées, et son histoire fait partie de l'histoire dramatique de notre temps.

C'est là que se sont joués les principaux drames de Victor Hugo et d'Alexandre Dumas : *Antony*, *Lucrèce Borgia*, la *Tour de Nesle*, etc.

C'est là qu'on a pu voir ces grandes œuvres interprétées par ces grands artistes : Frédérick Lemaître, Bocage et Mme Dorval.

Au milieu de toutes les pièces qu'il a jouées, figurent : *les Deux Serruriers*, de Félix Pyat, et aussi sa *Mathilde*, qui avait été reprise l'année dernière.

Ce double souvenir aurait dû valoir au malheureux théâtre de la Porte-Saint-Martin un peu de clémence de la part des incendiaires..... mais le pétrole a été sans pitié.

XI

LA RUE DE RIVOLI

Nous avons jusqu'à présent montré de quelle façon effroyable la rage des incendiaires s'est acharnée contre nos monuments publics.

Il nous faut maintenant, — afin que cette série de notices écrites au courant de la plume soit complète, — raconter les dommages immenses que cette orgie de sang et de feu, qui dura huit jours, a causée à la fortune privée, et particulièrement au commerce parisien.

Commençons par la rue de Rivoli :

Le ministère des finances inaugure la série des ruines.

L'incendie des Tuileries n'a pas eu, — heureusement, — de conséquences désastreuses pour les maisons qui font face au monument.

Ce n'est qu'aux approches de l'Hôtel de Ville, — à partir de la rue du Louvre, — que le passant, consterné, commence à voir les traces de la lutte épouvantable qui a eu lieu autour de l'Hôtel de Ville.

Une immense ruine se présente d'abord en face du Louvre : le feu a tout dévoré. Il ne reste que les murs de ce magnifique immeuble, qui avait dix fenêtres sur la rue de Rivoli, et où la maison Botot, si connue par ses eaux dentifrices, avait ses magasins.

Dans cette maison, où demeurait entre autres M. Larivière, le propriétaire du *Coin de Rue*, — qui a perdu tout ce que contenaient ses appartements, — quinze dames, qui s'étaient cachées dans les caves, allaient périr. Un jeune homme court les délivrer au péril de sa vie. Elles furent sauvées, mais leur libérateur fut blessé. — Au balcon de la maison, un insurgé seul tirait sur les troupes qui s'avançaient. Il tomba devant le magasin de M. Bertier, l'inventeur des cartes de visite à la minute. Son cadavre fut retrouvé complétement carbonisé et réduit à 60 centimètres.

Au n° 79, c'est dans les bureaux de M. Prieur de la Combe, banquier, que le feu a été mis. Les insurgés s'étaient trompés de numéro. Ils croyaient incendier le n° 77, appartenant à M. Prestat, notaire et ancien chef de bataillon du 13e régiment de marche. M. Prestat, dénoncé comme hostile à la Commune, avait vu sa tête mise à prix.

Le n° 81, la grande maison de fourrures de M. Révillon, n'a dû son salut qu'à la solidité de ses murs. Le feu s'est arrêté là. Rue du Louvre, il s'est arrêté au n° 6, dont les étages supérieurs ont été brûlés.

Le grands magasins de nouveautés de *Pygmalion* n'ont subi heureusement que peu de pertes. Il n'en a pas été de même de la *Teinturerie nouvelle*, l'importante maison de M. Joly fils, à l'angle du boulevard Sébastopol. Il ne reste absolument rien de ce magnifique magasin qui, naguère encore si vivant, si achalandé, n'est plus aujourd'hui, comme la maison tout entière, qu'un immense monceau de ruines.

Quel désastre pour des commerçants! Personne n'ignore, en effet, que pour la majeure partie d'entre eux, la situation de leur magasin est une fortune! Ainsi, dans le faubourg Saint-Martin, nous trouverons un autre exemple de ces désastres dans la maison du *Tapis-Rouge*, complétement détruite, et qui, ne retrouvant pas immédiatement un emplacement assez grand pour ses vastes galeries, se trouve forcée de s'installer provisoirement au boulevard de Magenta, dans un local trop étroit. La *Teinturerie Nouvelle*, plus heureuse, a pu convenablement se réinstaller de suite, rue de Rohan, au coin de la rue de Rivoli, tout près des Tuileries, et sa nombreuse clientèle saura bien retrouver là cette importante maison.

Place du Châtelet, le Théâtre-Lyrique est détruit. Le théâtre du Châtelet, plus heureux, n'a éprouvé que des pertes insignifiantes.

A l'Hôtel de Ville, de tous côtés ce ne sont que des ruines. On le sait déjà, hélas!...

La tour de Saint-Jacques-la-Boucherie n'a pas souffert. Seul, le square qui l'entoure a été défoncé pour l'ensevelissement temporaire de nombreux cadavres d'insurgés. Il n'y paraît plus maintenant. Les cadavres sont enlevés et les gazons rétablis.

Les incendies de la rue de Rivoli sont dus au « citoyen Dereure, qui, « avec cent fuséens, a été chargé d'incendier le 1er et le 2e arrondissement. » (*Termes exacts de l'arrêté de la Commune du 3 prairial an 79, signé : Delescluze, Régère, Johannard, Vésinier, Brunel, Dombrowski.*)

Ledit arrêté portait aussi, — notons-le dès à présent : « Le citoyen « Millière, à la tête de cent cinquante fuséens, incendiera les maisons sus« pectes et les monuments de la rive gauche; le citoyen Billioray, avec cent « hommes, est chargé des 9e, 10e et 20e arrondissements ; le citoyen Vésinier, « avec cinquante hommes, est chargé spécialement des boulevards de la

« Madeleine à la Bastille. » L'arrêté ajoutait : « Ces citoyens devront « s'entendre avec les chefs de barricades pour l'exécution de ces ordres. »

Ceci connu, poursuivons.

XII

LA RUE SAINT-MARTIN

La rue Saint-Martin ne pouvait manquer d'être fort éprouvée. Voisine de l'Hôtel de Ville, qui était la forteresse de la Commune, elle bordait la ligne d'attaque et de défense.

Aussi la pauvre rue Saint-Martin porte-t-elle de grandes traces de la lutte effrayante dont elle a été le théâtre.

C'est au n° 8 que les dégâts commencent. Toute la partie supérieure de la maison a été incendiée; par un hasard extraordinaire, les magasins qui sont au bas ont échappé à la destruction.

Il n'en est pas de même des maisons suivantes, qui sont complétement en ruines jusqu'au n° 16.

XIII

LA RUE ROYALE ET LE FAUBOURG-SAINT-HONORÉ

La rue Royale, le commencement du faubourg Saint-Honoré et la fin de la rue Saint-Honoré ont été cruellement éprouvés.

Une barricade très-solide fermait la rue Royale, à l'entrée de la place de la Concorde. Les troupes durent la prendre à revers.

Les défenseurs de la barricade se réfugièrent dans l'église de la Madeleine, mais les troupes y pénétrèrent, et tous les insurgés furent passés par les armes.

Mais avant d'abandonner leur barricade, les misérables, se sentant vaincus, avaient mis le feu partout où ils avaient pu, et vingt-deux pauvres femmes, qui étaient en couches, ont péri dans les flammes.

Le Ministère de la Marine, qui forme l'un des coins de la rue, n'a été sauvé que grâce à l'arrivée rapide des troupes.

Au n° 422 de la rue Saint-Honoré, maison qui faisait le coin de la rue Royale et de la rue Saint-Honoré, et qui n'existe plus, d'irréparables pertes artistiques sont venues se joindre aux pertes matérielles. En effet, vingt des plus belles toiles de Decamps, que sa veuve avait dans son appartement, y ont été réduites en cendres.

Au n° 25 de la rue Royale, un sauvetage miraculeux s'est opéré. Les communeux avaient mis le feu au bas de l'escalier, en sorte que les malheu-

reux locataires étaient réduits à être brûlés vifs. L'un deux, heureusement,
M. Dallemagne, eut l'idée de percer le mur qui communiquait avec la maison
voisine. Il se mit en rapport avec le capitaine Quitteroy, du 10e chasseurs de
Vincennes, qui fit élargir la brèche par ses sapeurs. Six personnes furent
sauvées de cette façon!...

XIV

LA RUE DE LILLE ET LA RUE DU BAC

Le général de Cissey s'avançait à grands pas, délivrant le faubourg Saint-
Germain, qui était cerné.

Il arrive à la rue du Bac, où des gardes nationaux amis de l'ordre lui
livrent une barricade qu'ils avaient enlevée eux-mêmes aux insurgés, aussitôt qu'ils avaient appris l'entrée de l'armée. M. Durouchoux, commandant du
bataillon, fut même, à cette occasion, décoré par le général de Cissey;
mais, hélas! peu de jours après il mourait de ses blessures.

Mais, en dépit de l'énergie déployée par les amis de l'ordre, le noble faubourg devait subir la rage des communeux.

Les Tuileries brûlaient; les insurgés ont voulu continuer dans le faubourg
Saint-Germain ce qu'ils avaient inauguré sur l'autre rive.

La Caisse des consignations, installée dans l'ancien hôtel de Praslin, qui
appartint au petit-fils du surintendant Fouquet, le maréchal de Belle-Isle, a
été la proie des flammes, dès le 22 mai. On a perdu presque tous les documents que contenait cet important établissement. On a, toutefois, sauvé le
double du Grand-Livre, qui se trouvait là en réserve.

La caserne d'Orsay a failli être entièrement détruite; le feu, par bonheur,
a pu être circonscrit, et le milieu seul de la façade, sur le quai, a été dévoré
par les flammes.

Rue du Bac, quel spectacle! celui de la désolation la plus complète!

De chaque côté de la rue, à l'endroit où elle est traversée par la rue de
Lille, on aperçoit, de loin, un grand vide et un jour inusité dans cette rue
qui était d'ordinaire un peu sombre. C'est que les maisons se sont écroulées,
en partie, sous l'action de l'incendie.

A droite, cette pauvre Caisse des consignations, avec ses bâtiments, dont
il ne reste plus que les murs ; à gauche et en face des ruines.

La rue du Bac a perdu huit maisons, les numéros 3, 4, 5, 6, 7, 9, 11, 13;
d'autres maisons ont été plus ou moins endommagées.

Rue de Lille, le spectacle est encore plus navrant: d'un bout à l'autre, ce
ne sont que ruines, monuments et hôtels écroulés. On se trouve là derrière
la Caisse des consignations, le Conseil d'Etat, la Légion d'honneur.

Enfin la pauvre rue n'est plus qu'une voie informe bordée de décombres.

XV

LE CARREFOUR DE LA CROIX-ROUGE

Le carrefour de la Croix-Rouge (faubourg Saint-Germain) a subi des
pertes sensibles; elles eussent été bien plus si nos troupes ne se fussent
avancées avec une si grande rapidité. Ici comme ailleurs, les insurgés ne
rêvaient rien moins que d'incendier tout le quartier. On a vu les ordres.

Leur plan n'a heureusement pas réussi et deux maisons seules ont été
atteintes. Du numéro 2 où se trouvaient les magasins de nouveautés du
Cherche-Midi, il ne reste absolument rien.

Notons que pendant la prise de Paris, le carrefour de la Croix-Rouge a
été le théâtre d'une lutte acharnée.

Nous nous arrêtons. Non pas, hélas! que nous ne puissions prolonger encore la lamentable revue que nous venons de faire passer à notre lecteur. Nous
n'avons, en effet, parlé ni de la rue de la Roquette dont toutes les premières maisons sont en ruines; ni de la colonne de la Bastille que les fédérés, — chose
incroyable, en vérité, parlé de faire sauter; ni de l'Arsenal qu'ils ont incendié, et où la perte la plus considérable a été celle de la bibliothèque publique
si connue des gens d'étude; ni de la vieille et célèbre manufacture de tapisseries des Gobelins ; ni de la Gare de Lyon; ni des Magasins-Réunis; ni de bien
d'autres ruines encore. Nous n'avons parlé de rien de tout cela et, faut-il le dire, notre raison principale, c'est que le cœur nous a manqué vis-à-vis de tant de
désastres !.....

EDOUARD DANGIN.

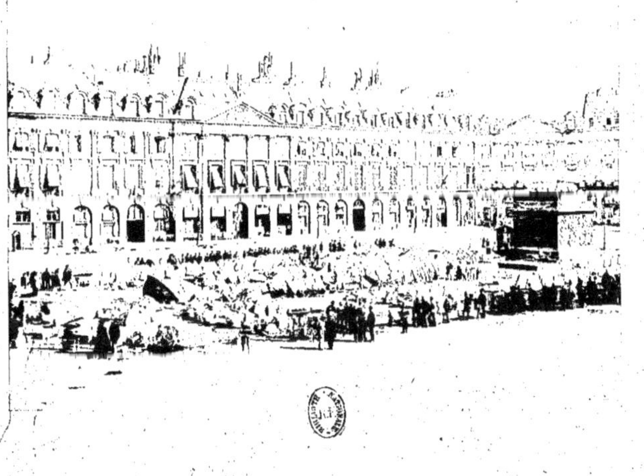

COLONNE VENDOME RENVERSÉE

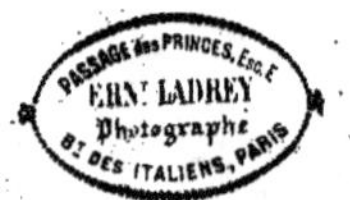

PASSAGE des PRINCES, Esc. E
ERN! LADREY
Photographe
BT DES ITALIENS, PARIS

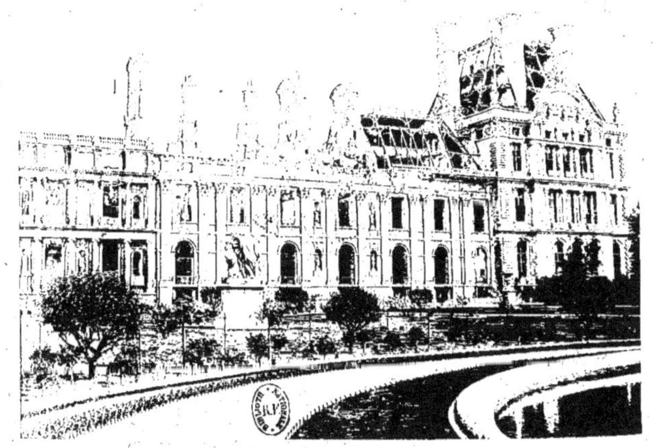

PALAIS DES TUILERIES.

VUE EXTÉRIEURE.

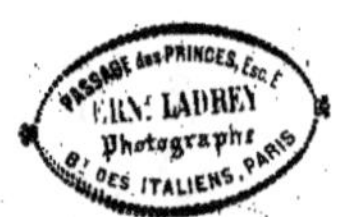

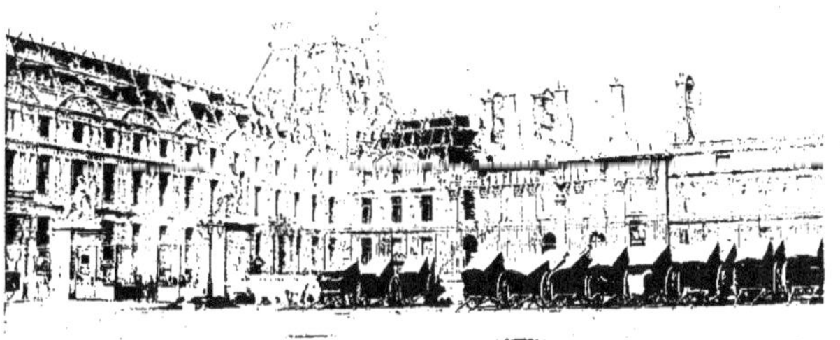

PALAIS DES TUILERIES.

VUE EXTÉRIEURE.

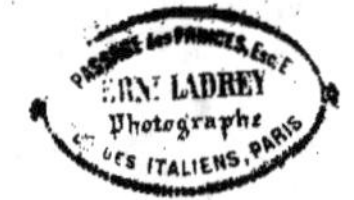

PASSAGE des PRINCES, Esc F
ERN. LADREY
Photographe
DES ITALIENS, PARIS

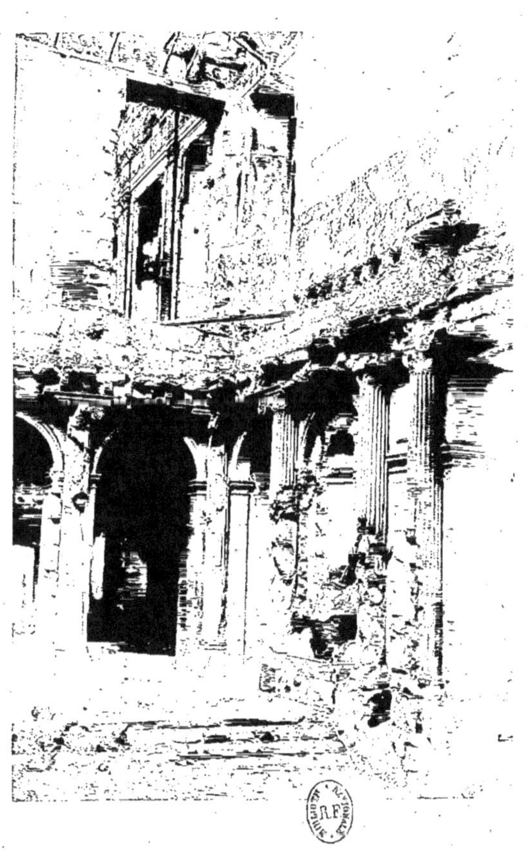

PALAIS DES TUILERIES
VUE INTÉRIEURE.

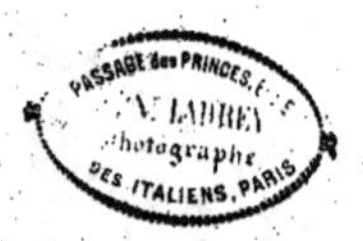

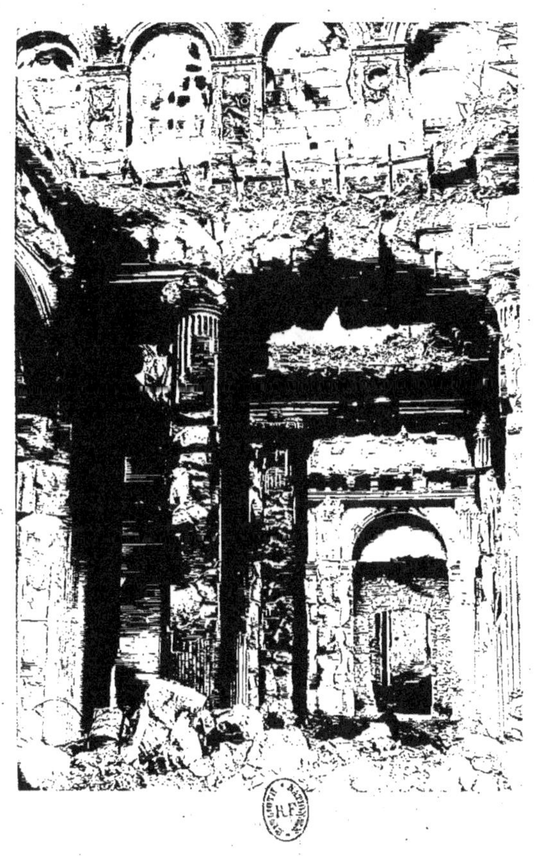

PALAIS DES TUILERIES

VUE INTÉRIEURE.

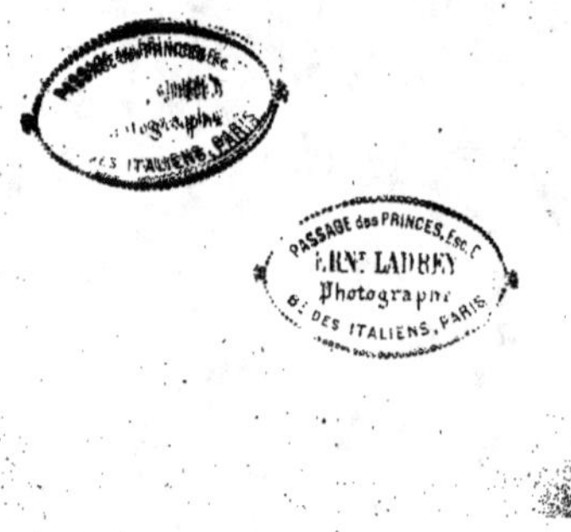

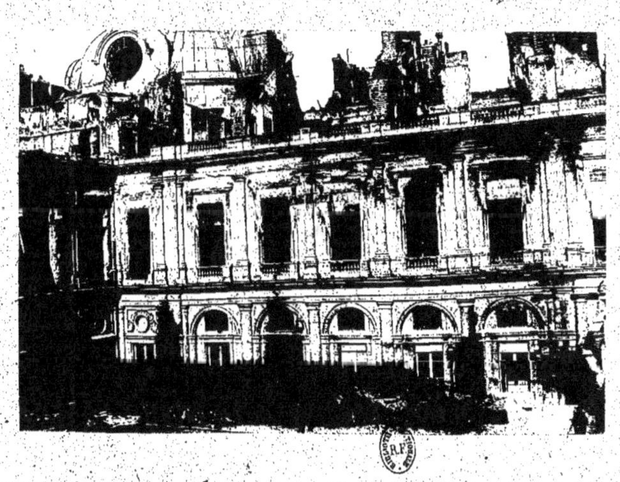

PALAIS ROYAL

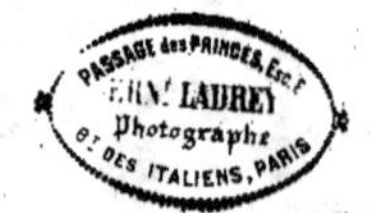

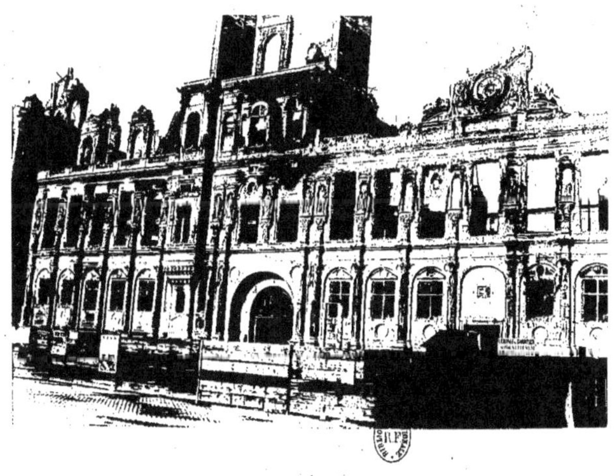

HOTEL DE VILLE.

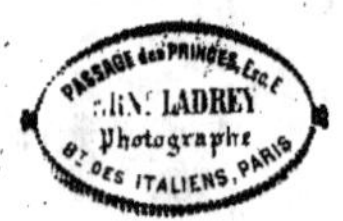
PASSAGE des PRINCES, 27. F
...INE LADREY
Photographe
ET DES ITALIENS, PARIS

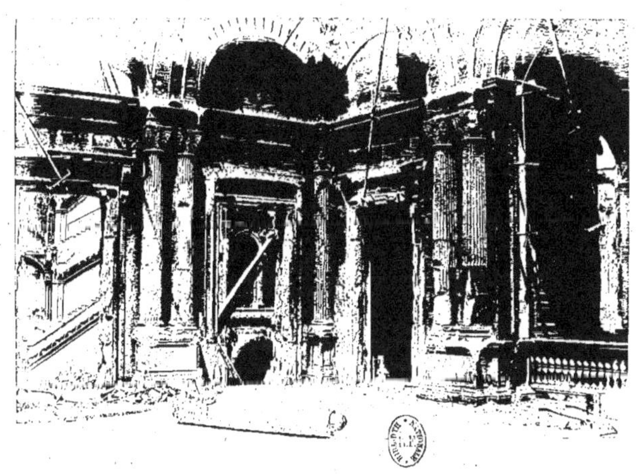

HOTEL DE VILLE.

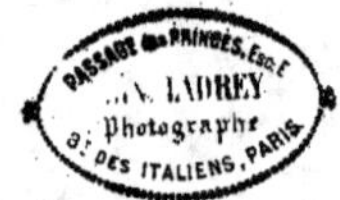
PASSAGE des PRINCES, Esc.E
...A. LADREY
Photographe
3, DES ITALIENS, PARIS

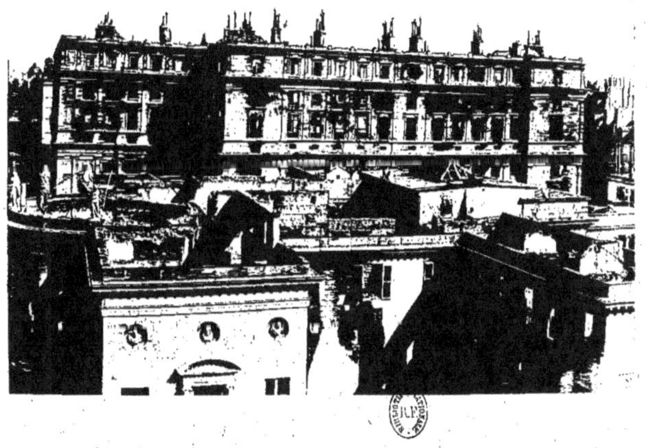

CONSEIL D'ÉTAT & LÉGION D'HONNEUR

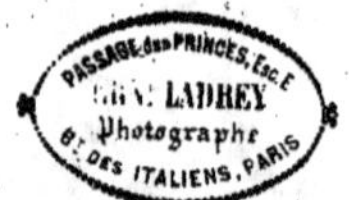
PASSAGE des PRINCES, Esc E
LADREY
Photographe
B. DES ITALIENS, PARIS

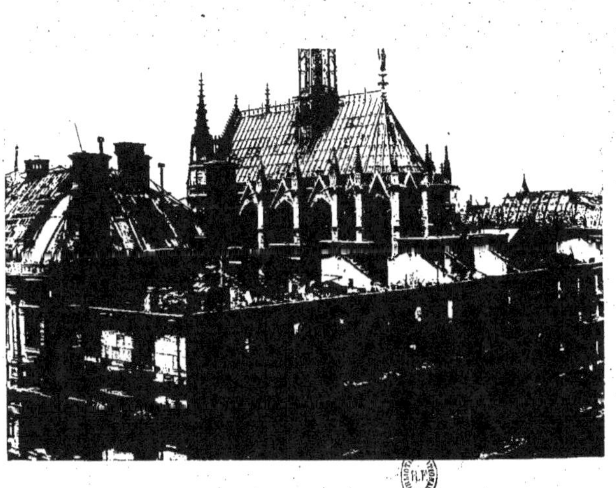

ENSEMBLE DU PALAIS DE JUSTICE.

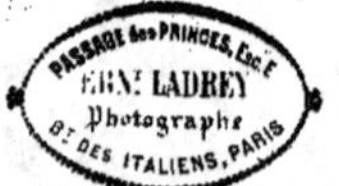
PASSAGE des PRINCES, Esc E
ERNT LADREY
Photographe
81 DES ITALIENS, PARIS

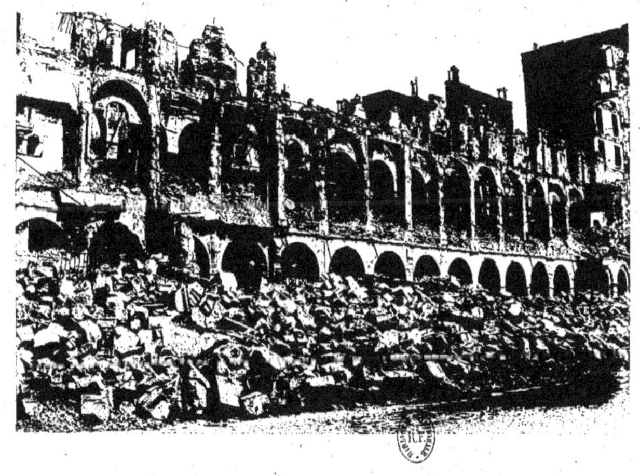

MINISTÈRE DES FINANCES

PASSAGE des PRINCES, F
ERN. LADREY
Photographe
B.! DES ITALIENS, PARIS

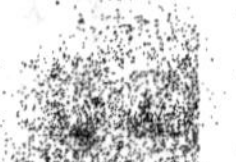

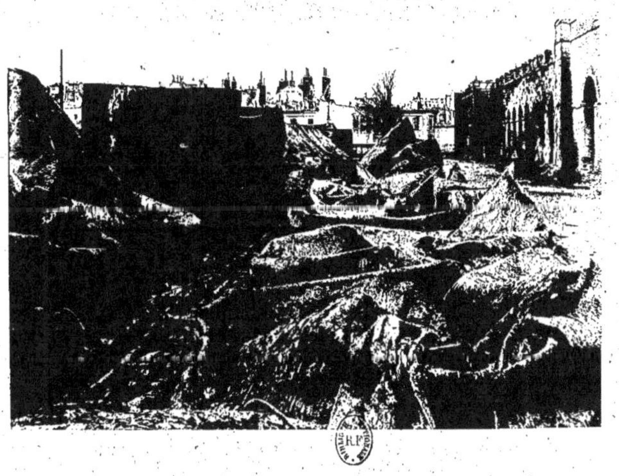

GRENIER D'ABONDANCE
VUE EXTERIEURE.

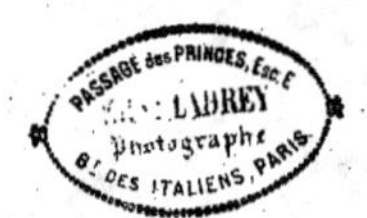
PASSAGE des PRINCES, Esc. E
LADREY
Photographe
B. DES ITALIENS, PARIS

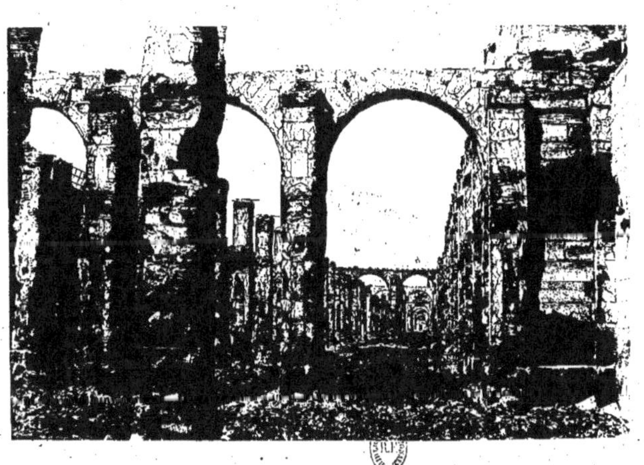

GRENIER D'ABONDANCE.
VUE INTÉRIEURE.

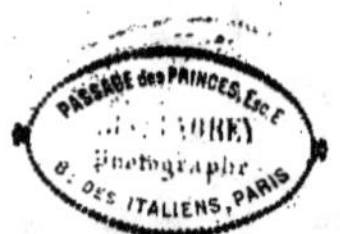

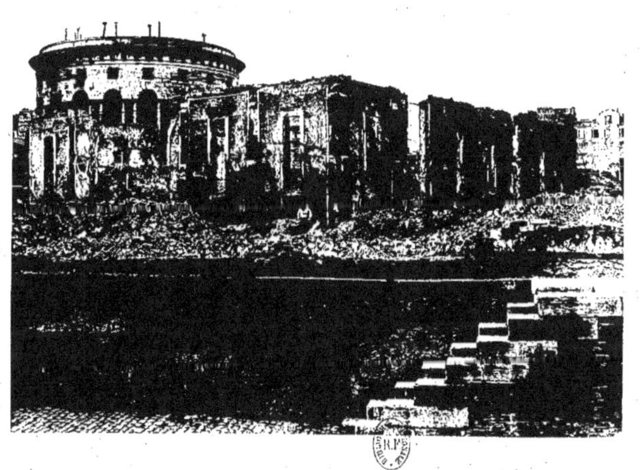

DOCKS DE LA VILLETTE

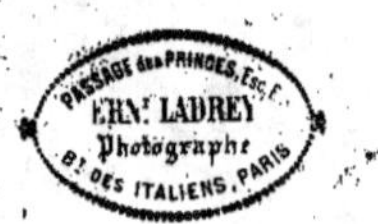

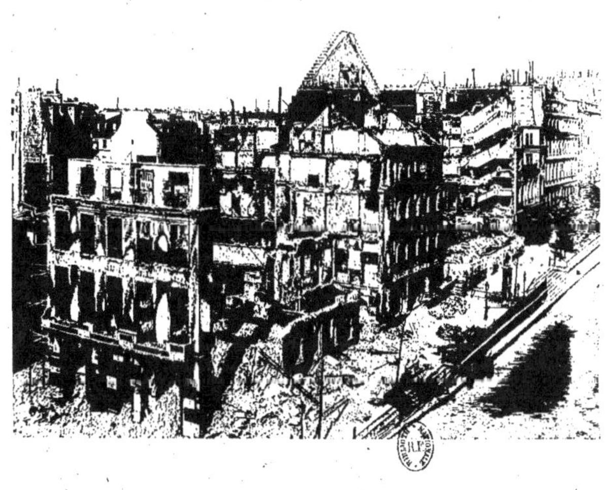

THÉATRE DE LA PORTE St MARTIN

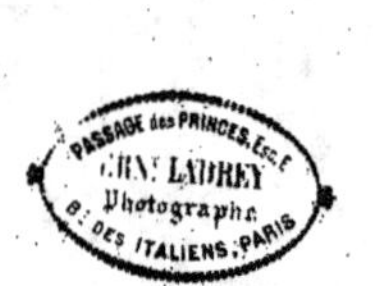

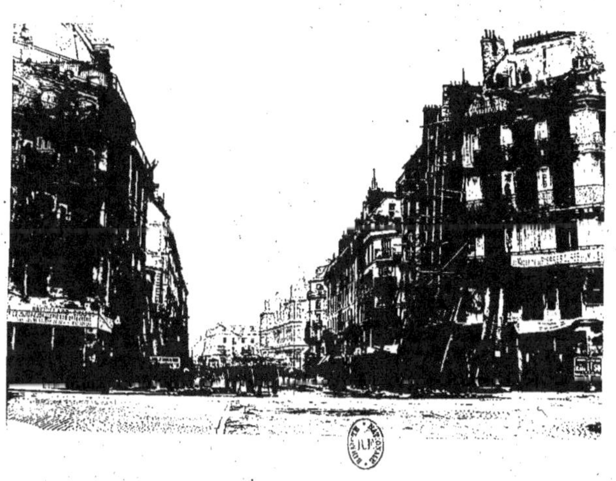

RUE DE RIVOLI.

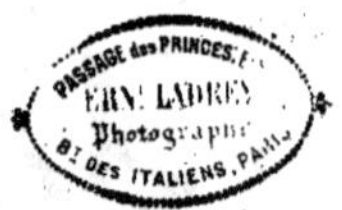
PASSAGE des PRINCES
ERN. LADREY
Photographe
81 DES ITALIENS, PARIS

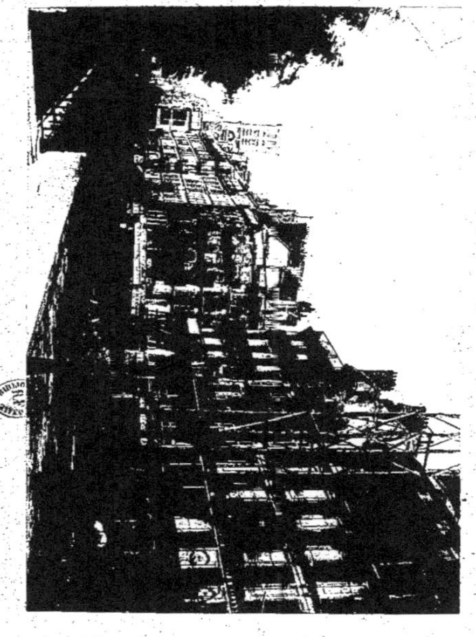

XII

RUE S^T MARTIN

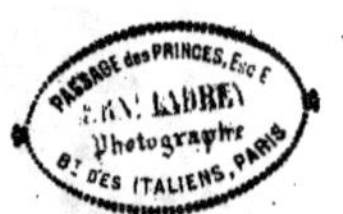

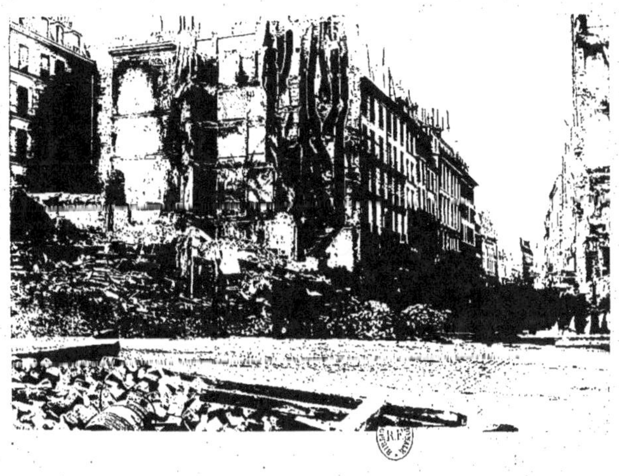

FAUBOURG St HONORÉ & RUE ROYALE.

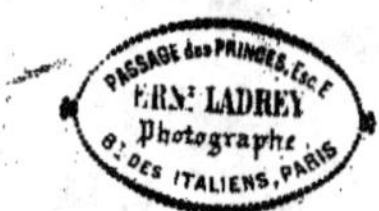
PASSAGE des PRINCES, Esc E
ERN.t LADREY
Photographe
B.d DES ITALIENS, PARIS

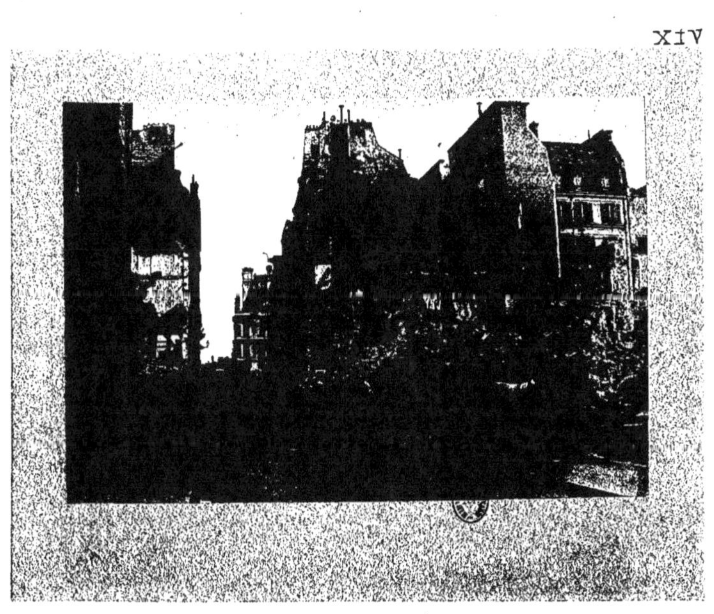

RUE DU BAC & RUE DE LILLE

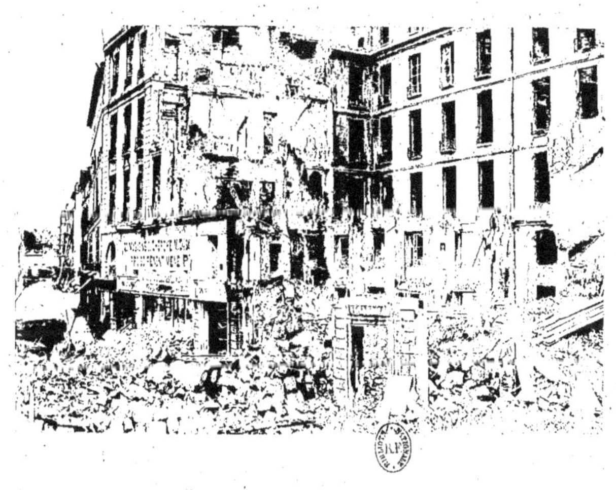

CARREFOUR DE LA CROIX ROUGE.